Cl...

 5 Réamhrá .... Bríd Ní Mhóráin
 6 Brollach .... Eibhlín de Paor
 7 Is Crua an Saol é ....Aoife Ní Laoire
 8 Is í mo Laoch í................................... Siún Ní Shé
 8 Machnamh.. Siún Ní Shé
 9 Rithim..John Fitzgerald
 9 Mo Laoch...................................Natasha Nic Gearailt
10 Id' Aonar................................. Emer Ní Fhiannachta
10 Mo Nathair Nimhe féin (Scoiliós)....................Clara Utsch
11 Mait Féin..Deirdre Ní Ainiféin
11 Im' Aonar...Annie Ní Chonchúir
11 Is Glas Iad na Cnoic ....Louise Nic Thomáis
12 Mo Chara .... Siobhán Ní Lúing
13 Labharfad Leat................................Louise Nic Thomáis
14 Mo Shaol.....................................Deirdre Ní Ainiféin
15 Mo Thuras Teanga........................... Aoife Ní Laoire
15 Mo Chéad Lá ar Scoil......................... Aoife Ní Laoire
16 Turas Teanga................................... Edel Loibhéad
17 Fantasaíocht.............................. Natasha Nic Gearailt
18 An Lá a Bhuaileas le Bono ....Treasa Ní Chíobháin
18 An Ghaeltacht Abú!............................ Stiofán Ó Cíobháin
19 Mo Laoch......................................Deirdre Ní Ainiféin
19 Is é mo Laoch é...Seán Ruiseál
20 Haiku .... Amanda Ní Ghráinne
21 .... Íde Ní Mhuircheartaigh
21 .... Annie Ní Chonchúir
21 .... Úna Ní Chonchúir
22 .... Céitílís Ní Bheaglaoich
22 .... Aisling Ní Mhurchú
22 .... Aoife Ní Laoire
22 .... Máire Ní Churráin
23 An Plean....................................... Siobhán Ní Lúing
24 Gafa....................................Sláine Ní Chathalláin
25 Ní Bhíonn Saoi gan Locht........................ Aoife Ní Laoire
27 An Dart...................................Niall Ó Súilleabháin
28 Imirce 1847....................................Louise Nic Thomáis

29 Saol Nua... *Íde Ní Mhuircheartaigh*
30 Dialann Déagóra ó Aimsir an Ghorta............*Céitílís Ní Bheaglaoich*
31 A Dark Day on The Blaskets................................*Louise Nic Thomáis*
32 An Afganastáin..*Ciara Utsch*
33 Fallujah... *Breandán Ó Conchúir*
33 An Súnámi... *Siún Ní Shé*
34 Maidin Mhaith... *Olivia Ní Bhuachalla*
35 Mí na Samhna... *Sinéad Childs*
36 Clochán an Fhóid... *Olivia Ní Bhuachalla*
36 An Samhradh... *Emer Ní Fhiannachta*
37 An Nollaig... *Róisín Báicéir*
37 Síocháin... *Ciara Utsch*
37 Samhain... *Ciara Utsch*
38 Aisling Dhuibhneach...*Bríd Ní Mhóráin*
39 Dán Mwasa... *Bríd Ní Mhóráin*
40 Don Spideog... *Bríd Ní Mhóráin*

Na Léaráidí

Tógadh **Dómhnal Ó Bric** i nDún Chaoin. Is sa scoil ansan a thosnaigh sé ag tarraingt pictiúirí. Isteach go Meánscoil na mBráthar sa Daingean leis ina dhiaidh san. Is ansan a dh'fhoghlaim sé go mb'fhearr leis pictiúirí a tharraingt ná Matamaitic a dhéanamh. Níor stop sé ag tarraingt pictiúirí ó shin.

Idir eatarthu dh'éirigh leis Dioplóma Náisiúnta in Anamúlacht/ Dearadh a fháil in Institiúid Ealaíon, Dearadh agus Teicneolaíochta Dhún Laoghaire, plé le Físeán agus Graificí Teilifíse anseo agus ansiúd, cnaipí beaga agus móra a bhrú sna meáin digiteacha agus roinnt leabhartha a mhaisiú, go háirithe do leanaí. "Uaireanta bheadh níos mó eolais ar Mhatamaitic úsáideach," a deir sé.

Is i nDún Chaoin i gCorca Dhuibhne a tógadh **Bríd Ní Luasaigh**. Tar éis a cuid scolaíochta i nDún Chaoin agus i Meánscoil na Toirbhirte sa Daingean, dh'fhreastail sí ar an DIT i mBaile Átha Cliath, áit ar dhein sí staidéar ar ghrianghrafadóireacht. Bhain sí amach céim i 2002 agus chaith sí dhá bhliain idir Londain agus Corn na Breataine.

D'fhill sí ar Bhaile Átha Cliath i 2004, áit a bhfuil cónaí uirthi anois agus í ag obair mar ghrianghrafadóir.

Réamhrá

Eascraíonn gach saothar ealaíne as fís agus tá an chreidiúint as an leabhar seo a theacht ar an bhfód ag dul do bheirt bhan, do Mháire Uí Shíthigh agus Eibhlín de Paor, a dh'aithin an t-easnamh a bhí i gcorpas litríochta Gaolainne an cheantair: 'sé sin gur beag má bhí éinne fé bhun chúig bliana fichead ag gabháil don scríbhneoireacht chruthaitheach. Le tacaíocht Oidhreacht Chorca Dhuibhne agus Ealaíon na Gaeltachta, chuireadar an síol agus tar éis dhá bhliain tá *Labharfad Leat* mar thoradh air. Is mian liom mo bhuíochas a chur in iúl dóibhsean, do phríomhoidí scoileanna Chorca Dhuibhne, Ciarán Ó Beaglaoich, Tomás Ó Cruadhlaoich agus Pádraig Firtéar is do na múinteoirí Gaeilge agus eile a dh'fháiltigh romham sna scoileanna, do Mháirín Feirtéar a dhein sárobair eagarthóireachta agus do Dhómhnal Ó Bric agus do Bhríd Ní Luasaigh a dhein na léaráidí breátha maisiúla. Tá buíochas ag dul leis dóibhsean a raibh baint acu leis an dtogra seo ón gcéad lá – Gearóid Ó Brosnacháin, Gráinne Ní Fhlatharta, Breandán Ó Conchúir, Maria Ní Mhurchú agus Caitríona Ní Chathail.

Tréaslaím a saothar leis na daltaí agus bhaineas sult as bheith páirteach leo sa bhfiontar. Más duine óg tú atá á léamh seo, dh'fhéadfá a fhiafraí – cad ina thaobh dul le scríbhneoireacht? Mar go bhfuil taitneamh thar bearta ag baint leis an mianach atá ionat a thabhairt chun solais, scil a fhoghlaim agus triail a bhaint as séanra nua dála an *haiku*. Mar go dtéann an file óg agus an scríbhneoir óg ar thuras go tír na n-iontas, ar nós sna seanscéalta agus ar deireadh thiar, tagaid thar n-ais go dtí an áit a dh'fhágadar ach le breis tuisceana agus aithne acu orthu féin agus ar an saol. Dúshlán é do gach éinne, is cuma cén aois, teacht ar a ghuth féin. Más féidir é a dhéanamh i dtús na hóige mar atá déanta sa tsaothar seo, tá seod aimsithe agat a sheasóidh duit agus a shásóidh tú ar feadh an chuid eile ded' shaol.

Mar a mbeifí ag súil leis ón dteideal, is í an chumarsáid idirphearsanta an chloch is mó ar phaidrín na ndéagóirí. Os rud é gur scáthán den saol í an litríocht, tá cur síos anso ar dheacrachtaí le tuismitheoirí, le múinteoirí agus ar ansmacht na gcomhaostaí. Ina ainneoin sin, maireann a gcreideamh i laochra – laochra spóirt, gaiscígh an cheoil, fathaigh na litríochta sa leithinis agus fiú, laochra an teaghlaigh, in ainneoin bhearna na nglúnta. Tríd is tríd, ceiliúrann an saothar an bheatha, an grá agus an cairdeas i saol an duine óig agus an buntáiste a bhaineann le bheith ag maireachtaint i dtimpeallacht atá chomh saibhir ó thaobh an nádúir agus na saíochta de le Corca Dhuibhne. Gníomh dóchais atá i *Labharfad Leat*, dóchas san óige, ina gcruthaitheacht, a gcumas, a samhlaíocht agus sa cheangal atá idir iad agus traidisiún is teanga a sinsear agus dóchas na hóige a bhláthóidh agus a bhéarfaidh toradh amach anso.

Bríd Ní Mhóráin, Lúnasa 2005.

Brollach

Fáiltím roimh an bhfoilseachán litríochta samhailteach, úr, misniúil seo ó ghlún scríbhneoirí óga Chorca Dhuibhne. Comhartha dóchais agus ceiliúrtha dóibh siúd gur suim leo cúrsaí ealaíona, an t-aos óg a fheiscint go fonnmhar i mbun pinn, mar atáid anseo. Cá hionadh linn a leithéid nuair gur dual dóibh, ó thaobh a muintire agus a sinsear, ceird na litríochta a bheith á cleachtadh ag na daoine óga seo! Nochtar sa tsaothar nua seo, friotal agus samhail úrnua ar an saol comhaimseartha agus ar théamaí a théann i bhfeidhm ar an nduine ó cheann ceann na cruinne.

Déanaim comhghairdeas leis na daoine óga a ghlac páirt sa togra seo, agus lena gcuid múinteoirí a thacaigh leo agus a spreag iad. Is é seo an chéad áit go bhfuil a ngutha á gcur in iúl acu don bpobal mór agus tá súil agam go gcloisfear go minic uathu as seo amach. Gan dabht tá moladh ar leith tuillte ag Bríd Ní Mhóráin a bhí i mbun an tsaothair seo agus a threoraigh agus a ghríosaigh na scríbhneoirí óga leis an saothar críochnaithe atá anseo a thabhairt go ceann scríbe. Is mó gradam atá bainte ag Bríd dá saothar féin agus is cúis áthais go bhfuil sí ar fáil lena saintaithí agus lena cuid scileanna a roinnt le glún nua scríbhneoirí.

Tamall de bhlianta ó shin a cuireadh comhpháirtíocht ar bun idir Údarás na Gaeltachta agus An Chomhairle Ealaíon le borradh a chur faoi imeachtaí ealaíon sna ceantracha Gaeltachta. Tríd an gclár forbartha, **Ealaíon na Gaeltachta**, cuirtear deis ar fáil d'ealaíontóirí Gaeltachta agus d'eagraíochtaí ealaíon, cur lena gcuid imeachtaí. Níorbh fhiú a leithéid de straitéis, murach éileamh agus suim a bheith á léiriú ag an bpobal ina leithéid. Tá an t-ádh linn go bhfuil eagraíocht fhuinniúil, fhad-radharcach darb ainm Oidhreacht Chorca Dhuibhne ag feidhmiú sa taobh seo tíre, le Máire Uí Shíthigh ag stiúradh cúrsaí ealaíona. Trína n-iarrachtaí siúd tapaítear an deis, le tograí ealaíon ar ardchaighdeán a chur ar fáil do phobal na háite.

Is é seo an chéad chnuasach dá leithéid i gcló agus guím gach rath air agus ar na hiarrachtaí eile a thiocfaidh chun cinn sna réimsí seo ó mhuintir Chorca Dhuibhne as seo amach.

Eibhlín de Paor
Áisitheoir Ealaíon, Ealaíon na Gaeltachta

Is Crua an Saol é

Ceapann an déagóir go mbíonn an saol crua,
Gan aon airgead aici do éadaí nua.
Bíonn uirthi bheith istigh ar a hocht
– an cailín bocht!
Bíonn a máthair ag troid léi,
In ainm Dé!
Ach tá an t-ádh léi,
Tá bia, teach agus sláinte aici
Ag deireadh an lae.

Aoife Ní Laoire
Cluain Searrach

Is í mo Laoch í

Cloiseann tú í ar fud an tí,
Déarfá gur rúnaí í,
Ag tabhairt aire, sóláis agus spioraid,
Ach ó thaobh cabhrach, ní thugaimid ana-chuid.

Ag ní, ag glanadh, ag déanamh dinnéir,
'Sé sásamh ár ngoilí uimhir a h-aon,
Ní thógann sí sos,
I gcónaí ar a dhá cois.

Ag obair go dian,
In ainm Dé,
Tabhair braon fíona di,
Sin í mo Mham.
'Sí mo laoch.

Machnamh

Tá Párthas m'óige anois i bhfad uaim,
An gleáchas is an tsaoirse a bhí againn,
Mo sheanashaol imithe ó smacht,
Is cuimhin liom cuileachta san áit,
Bhí gach ní beo agus álainn,
Gach éan, bláth agus crann,
Sláinte agus fuinneamh ag pléascadh,
Ach féach anois ar an mbréantas.

Siún Ní Shé
Imleach Slat

Rithim

Is breá liom,
Bheith ag rince,
Ag léim,
Ag ciceáil go hard,
An ceol á sheinnt,
An rithim
Ag bualadh
Agus an chraic go léir.

John Fitzgerald
Bréanann

Mo Laoch

Cairdiúil, cainteach agus cneasta,
Is tú mo Ghranda.
A bheith cosúil leat,
Sin é mo dhúil.

Lámh chúnta i gcónaí,
Gualainn le gol uirthi,
Lámh le breith uirthi,
Cluas le héisteacht
In am an ghátair.
Bíonn tú i gcónaí ann dom.

Fear lán de bhuanna,
Duine speisialta, duine ann féin.
Fear a ghnóthaigh mórán onóracha,
Chaith tú d'éide ghorm le gliondar is mórtas.

Is tú mo phríomhdhóchas,
Is tú a choimeád sa tsiúl mé,
Mo réalt agus mo laoch,
Cé go bhfuil do chorp sa chré,
Is tú mo Ghranda fós,
Mairfidh tú ionam go deo.

Natasha Nic Gearailt
Cathair Bó Sine

Id Aonar

Id aonar i dteach mór lán de smaointe,
Laethanta fada ag teacht is imeacht,
Gan faic le déanamh.
Id aonar i do shuí ar stól
Cois na tine móire.

Grá i do chroí is grá i do shúile,
An paidrín i do láimh agat,
An chrois ag luascadh
Ó thaobh go taobh is na focail naofa
Ag rith trí d'aigne.

Tusa ag smaoineamh ar an saol breá
A bhí agat le do chairde agus do chlann,
Ach anois tusa i d'aonar,
Cois na tine.

Emer Ní Fhiannachta,
Baile an Chóta

Mo Nathair Nimhe féin (Scoilíós)

Ní rabhas ach saolaithe
Nuair a dh'imigh mo dhrom ó thaobh.
Lean sé air mar sin,
Is níor thug éinne fé ndeara é
Go dtí go rabhas sé bliana d'aois
Is ní rabhas ag seasamh díreach.

Tugadh mé go dtí'n nDochtúir Ó Brádaigh
Ag súil go ndíreodh sé amach mé,
Ach ní rabhas ag súil lena fhreagra
Go ndíreodh mo dhrom as féin.

Ciara Utsch
Imileá na gCrann

M'áit Féin

Ní maith liom aon áit eile ar domhan,
Ar thrá sa Spáinn ná ag buachtaint bonn,
Ach mo sheomra suite féin,
Gan aon ghlór, buairt ná beic.

Táim i gceannas, sin an méid,
Ní hiad Éamonn, an Cat ná Sinéad,
Ní thuigeann aon duine mise,
Is mise an té is deise.

Deirdre Ní Ainiféin
Oileán un Phocáin

Im' Aonar

Im' aonar,
I mo sheomra suí,
Ag labhairt leis an gciúnas istigh.

Annie Ní Chonchúir
An Clochán

Is Glas Iad na Cnoic

Ní maith liom an áit seo a thuilleadh,
Táim chun bogadh agus bheith im' fhile,
Táim breoite,
Breoite dom pharóiste,
Táim chun imeacht,
Go dtí áit nach bhfuil aon smacht.
Tá an áit seo leadránach,
Taim chun bogadh is bheith im' Spáinneach!

Louise Nic Thomáis
Ceathrú an Fheirtéaraigh

Mo Chara

Táim anso anois,
Ciúnaigh síos agus tóg bog é,
Táim anso.

      Socair,
      Is féidir leat é a rá liom,
      Socair.

Bog, bog,
Nílim ag imeacht aon áit,
Bog, bog.

Siobhán Ní Lúing
Fán

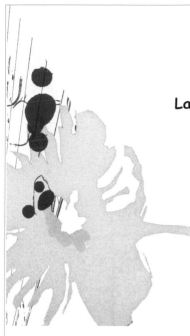

Labharfad Leat

Cuir do cheann ar mo ghualainn,
Beidh mé ann.
Scaoil leis na deora,
Beidh mé ann.
Tosnaigh ag caint,
Beidh mé ann.
Abair cad tá ort,
Beidh mé ann.
Táim sásta nuair a bhíonn tú sásta
Táim brónach nuair a bhíonn tú brónach
Abair leat agus abair liom,
Beidh mé ann.

Louise Nic Thomáis
Ceathrú an Fheirtéaraigh

Mo Shaol

Múinteoirí is Múinteoirí is Múinteoirí,
Tá an iomad acu ar domhan,
Cuir leis na fáinleoga iad go dtí an Afraic,
Go dtí lá deireadh an domhain.

Deirdre Ní Ainiféin
Oileán an Phocáin

Mo Thuras Teanga

Go dtí go rabhas trí bliana déag d'aois bhí easpa suime agam sa Ghaeilge. Cheap mé go raibh sí leadránach agus sean-aimseartha. Bhí mé sa dara bliain sa mheánscoil. Bhíomar ag foghlaim filíochta. Lá amháin léigh an múinteoir "Bean tSléibhe ag Caoineadh a Mic" le Pádraic Mac Piarais. Bhí an dán an-bhrónach ach chuaigh sé sin i bhfcidhm gu mór orm. Bhi an dán lán de phian agus ba é sin an chéad uair a bhí dán as Gaeilge réadúil domsa. Chuir sé beocht sa teanga dom. Ina dhiaidh san bhí grá mór agam don Ghaeilge go háirithe don bhfilíocht. D'oscail an dán domhan nua dom.

Mo Chéad Lá ar Scoil

Is maith is cuimhin liom mo chéad lá ar scoil. Lá breá brothallach a bhí ann agus bhí an ghrian ag scalladh ar muir is ar tír. Bhí mé neirbhíseach ach bhí mé ar bís freisin. Ar a naoi a chlog shiúil mé féin agus mo Mham ar scoil. Bhí an scoil mór agus scanrúil. Bhí mé ag caitheamh gúna bándearg mar b'shin é mo dhath. Bhí mo chairde go léir ann. Nuair a dh'imigh mo Mham tháinig fonn goil orm ach bhí mé ceart go leor tar éis cúpla nóiméad. Chaitheamar an lá go léir ag súgradh agus bhí ana-chraic againn. Lá iontach ab ea é.

Aoife Ní Laoire
Cluain Searrach

Turas Teanga

A chara,

Tá Gaolainn agamsa agus is ó mo mháthair a dh'fhoghlaimíos í. Ach fiú amháin nuair atá Gaolainn agam ní ghlacann daoine áirithe leis toisc gur ón nDaingean mé. Is ó Chathair Scuilbín i bparóiste na Cille í mo mháthair agus tá Gaolainn na háite sin agam agus gan bheith lán dom fhéinig nó faic, tá Gaolainn níos fearr agamsa ná mar atá ag cuid dos na daoine atá ag maireachtaint thiar ann anois. Ach tá sé ana-dheacair do dhaoine áirithe glacadh leis go m'fhéidir go bhfuil Gaolainn mhaith ag daoine nach bhfuil ag maireachtaint i lár na "Gaeltachta".

Ag tógaint rud a tharla cúpla nóimeint ó shin mar shampla; bhí mé féin is beirt scoláire eile istigh i rang scríbhneoireacht Gaolainne is bhíomar ag caint mar gheall ar an gcaighdeán atá sa Ghaeltacht sa lá atá inniu ann.

Is ón nGaeltacht cheart iad an bheirt eile agus bhí ana-chomhrá ag an múinteoir leosan agus níor labhair sí focal liomsa toisc nach bhfuilim ag maireachtaint i gcroílár na Gaeltachta. Ní gá ansan nach bhfuil aon bhaint agam léi nó nach bhfuil fhios agam mar gheall ar cad atá ag tarlú ann. Ní raibh an t-ádh le mo thuismitheoirí tigh a bheith acu sa Ghaeltacht ach tá an Ghaeltacht beo i mo thigh féin – bíonn Gaolainn á labhairt ann gach lá, bím fhéin nó mo dhearthair ag seinnt ceoil nó bíonn duine againn ag canadh as Gaolainn.

Cuireann sé an goimh dearg orm nuair a chím agus nuair a bhím páirteach i rud ar nós cad a tharla sa seomra ranga inniu. Ach chomh maith le bheith feargach, tugann rudaí ar nós cad a tharla inniu inspioráid dom an teanga a bheith agam níos mó agus níos láidre. Agus lá éigin taispeánfaidh mé do dhaoine is go háirithe don múinteoir sin go bhfuil Gaolainn agam, fiú amháin nuair nach bhfuilim ag maireachtaint sa Ghaeltacht.

Edel Loibhéad
An Cúilín

Fantaisíocht

Cnag ar an ndoras,
Cé shiúil isteach
      – Michael Jackson é féin!
Is ina dhiaidh aniar Fiona Kane,
A lámh ar a thóin.
Cad a bhuaileann ach an fón?

An Pápa a bhí ann,
Bhí cluiche peile ag teastáil uaidh,
Chuir Fiona glaoch ar na leaids ó thuaidh.

Sceitimíní an domhain ar Jackson.
A liathróidí ullamh don gcluiche mór!

Natasha Nic Gearailt
Cathair Bó Sine

An Lá a Bhuaileas le Bono

Maidin fhuar fhliuch a bhí ann. Dhúisigh mo mháthair mé ar 4:30. Bhí bricfeasta mór agam agus ar a cúig, dh'fhágamar an tigh chun an traein a fháil i dTrá Lí ar a sé. Thit mo chodladh orm ar an dtraein agus bhí sé a a haon a chlog nuair a shroicheamar Baile Átha Cliath.

Bhuail m'aintín linn ag an stáisiún agus thóg sí mé go dtí an t-óstán ar le Bono é. Bhíos ann cúig nóiméad roimh am agus ansin threoraigh fear mór, a bhí gléasta mar fhear grinn, go dtí mo shuíochán mé.

Ansin tháinig na daoine cáiliúla go léir isteach, cosúil le Bono agus a bhean chéile. Tháinig na Corrs isteach leis. Cheap mé gur cailleadh mé agus gur chuas ar neamh. Tháinig Ray Darcy isteach agus bhí sé ina shuí in aice liom agus Bono ar an dtaobh eile dom. Bhíomar ag caint mar gheall ar dhaoine cáiliúla eile agus ar an nDaingean.

Bhí dinnéar mór againn agus ina dhiaidh sin bhronn Bono duais orm. Fíoraíodh mo thaibhreamh an lá san.

Treasa Ní Chíobháin
An Baile Riabhach

An Ghaeltacht Abú !

Féach An Ghaeltacht ag imeacht suas an pháirc,
Is na Stacaigh ag teacht ina dtreo,
Is maith é an geansaí bán.
Seo leat, a Dhara, cuir í thairis an dtrasnán.

Tá an traenáil déanta agaibh,
Agus déanta agaibh go dian,
Tabhair d'Ó Cinnéide í,
Agus tá sí buailte isteach sa líon.

Bhí an cluiche le cloisint ar an raidió
Agus ar an dteilifís.
Tá gaisce déanta acu
Mar tá an cupa ag teacht abhaile arís.

Stiofán Ó Cíobháin
Baile na Rátha

Mo Laoch

Gach aon lá ar a dó a chlog,
Ar an dteilifís bhí Bosco beag.
Lá i ndiaidh lae bhí níos mó eolais
Á thabhairt aige ar gach aon chóras.

Ansan bhí Barney, na Teletubbies is an Béar,
Ní raibh aon chiall acu go léir.
Is é mo léan, nach dtiocfaidh m'óige arís
Ar feadh seachtaine, nó coicís.

Deirdre Ní Ainiféin
Oileán an Phocáin

Is é mo Laoch é

Is é mo laoch ná fear ó mo bhaile darb ainm Maidhc Dainín Ó Sé as an gCarrachán. Tá sé pósta le bean ó Oileán Chiarraí agus tá clann mhór orthu. Tá mac amháin leis ag obair ar TG4 agus mac eile ag obair i siopa Uí Ghairbhí agus níl fhios agam cad atá an chuid eile ag déanamh.

Tá a lán leabhar scríte ag Maidhc, timpeall trí leabhar déag agus tá sé fós ag scríobh. Tá a leabhar *A Thig ná Tit Orm* ar an gcúrsa don Ardteist.

Bhí Maidhc mar thiománaí do chomhlacht bainne Kerry Co-Op ar feadh timpeall 20 bliain agus bíonn sé ag seinnt ceoil i ngach áit a théann sé. Nuair a bhí mé óg bhí orm dul síos an gort ar a hocht ar maidin ag triall ar na caoirigh agus ansan thíos bhí Maidhc Dainín lena bhosca ceoil agus é ag seinnt ag an am san!

Níor mhaith liom a bheith ina thigh san gach maidin! Is breá le Maidhc Dainín a bheith ag seinnt i dteach tábhairne An Bhóthair agus ins An Cúinne. Sin iad an dá phub a mbíonn sé i gcónaí ag seinnt iontu.

Sin é mo scéal,
Mise le meas,

Seán Ruiseál
Cill Chuáin

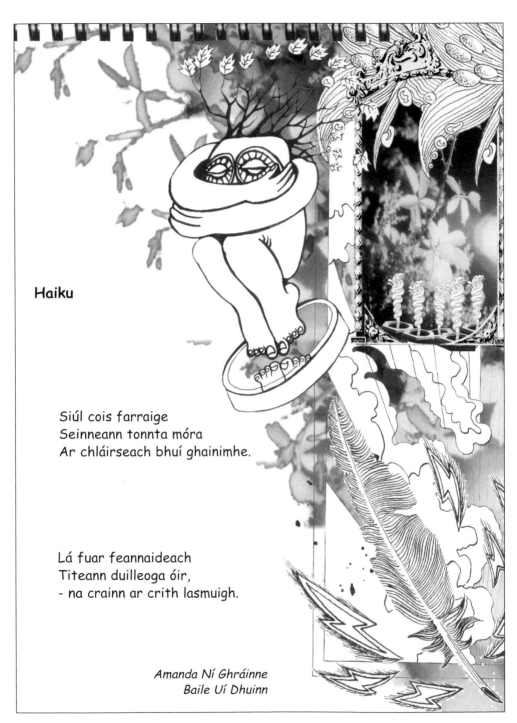

Haiku

Siúl cois farraige
Seinneann tonnta móra
Ar chláirseach bhuí ghainimhe.

Lá fuar feannaideach
Titeann duilleoga óir,
- na crainn ar crith lasmuigh.

Amanda Ní Ghráinne
Baile Uí Dhuinn

Na tonnta móra
Ag bualadh na trá,
An fharraige ag geimhriú.

Coinneal ar lasadh,
I bhfuinneog bheag,
- An Nollaig ag glioscarnach

Íde Ní Mhuircheartaigh
Lios, Bréanann

Lasmuigh den bhfuinneog
An bháisteach ag titim,
Geimhreadh ag sileadh súl.

Annie Ní Chonchúir
An Clochán

Leanaí ag súgradh,
Mná ag éisteacht leo,
Fear i bhfolach i leabhar.

Síolta á scaipeadh,
In aon líne amháin
I mBaile Uí Churráin.

Úna Ní Chonchúir
Baile Uí Churráin

Gan aon duine timpeall,
É fuar fliuch sa gheimhreadh,
Na crainn gan aon éadaí.

Céitílís Ní Bheaglaoich
Baile Breac Íochtarach

Smaoineamh ar haiku,
Stracfhéachaint tríd an bhfuinneog,
Fásann dán ar chraobh.

In aice na tine,
É fuar lasmuigh,
An Samhradh ar m'aigne.

Aisling Ní Mhurchú
Doire na Muice

Sneachta ar na sléibhte
Áthas ar gach croí,
Draíocht ag damhsa san aer.

Rós ag fáil bháis,
Sméara dubha ramhra ag fás,
scoil ar oscailt arís.

Aoife Ní Laoire
Cluain Searrach

Grian ag scalladh
Ar chlocha scáil scaipthe,
Spéir lonrach ag gáirí.

Máire Ní Churráin
Lios na Caolbhuí

An Plean

Bhí an oíche geal. Léim Mícheál thar an bhfalla agus isteach sa reilig leis. Bhí miongháire ar a aghaidh. Bhí sé lán tsásta leis féin. Oíche Shamhna a bhí ann agus bhí sé tar éis cleas a imirt ar a chairde. Cleas a thóg ana-thamall cuimhneamh air. Bhí sé tar éis gach duine dá chairde a chur go dtí áit scanrúil ina aonar, á rá go mbuailfeadh an chuid eile acu leis ann tar éis tamaill. D'imigh sé chuig na háiteanna sin go léir. Bhí gach duine acu ag fanacht ina aonar. Níor chuaigh sé suas chucu ach bhí sé ag faire orthu ón dtaobh thiar do na fallaí. Anois bhí sé ag fanacht leo sa reilig. Bheadh ana-spórt aige.

Shuigh Mícheál síos ar chloch mhór fhuar liath. D'fhéach sé timpeall air féin. Bhí na crainn ag luascadh go bog sa ghaoth. Thit duilleog nó dhó ó am go chéile. Bhí an reilig clúdaithe leo mar a bhíodh gach bliain ag an am san. Bhí Mícheál ag éirí mífhoighneach. Ní rabhadar ag teacht. Phioc sé suas an fón póca agus chuir sé glaoch ar Thadhg ach níor fhreagair sé. Thriail Mícheál a chairde go léir ach ní raibh éinne acu ag freagairt. Ansan dh'imigh an bataire i bhfón Mhichíl. Bhí sé ag eascaíní os ard. Dh'árdaigh an ghaoth agus bhí glór ait le cloisint aige. Glór a chuir scanradh ar Mhícheál. Go hobann, thit géag do chrann in aice leis. Léim sé ó thalamh. Bhí a chroí ag rith. Thosnaigh Mícheál ag féachaint timpeall air féin arís. Thóg sé isteach gach rud an uair seo – an dorchadas, an ghaoth ag séideadh agus ag feadaíl trí na duilleoga, na leaca ós cionn na n-uaigheanna.

Ní raibh aon stop le Mícheál – theastaigh uaidh an reilig a fhágáint anois. Is é féin a bhí in áit scanrúil ina aonar anois. Léim sé in airde ar an bhfalla ach ní raibh an falla láidir a dhóthain agus bhí sciorradh cloch ann. D'éirigh sé arís ach bhí a gheansaí greamaithe ar ghéag crainn. Strac sé é agus rith sé go dtí an ngeata. Bhí eagla an domhain air. Bhí a chroí ullamh chun pléascadh.

Amach ar an mbóthar leis. Stop Mícheál go hobann. Bhí náire agus aiféala air. Cad a bhí os a chomhair ach a chairde faoi scáil na gcrann. Ach anois, is ar a n-aghaidheanna súd a bhí an miongháire.

Siobhán Ní Lúing
Fán

Gafa

Sheas mé ann ag béicigh in árd mo chinn is mo ghutha go dtí go raibh tinneas cinn orm. Bhí sí ag imeacht as a meabhair. Bhí rud éigin imithe isteach inti agus bhí fhios agam go maith gurbh é an diabhal é. Bhí a corp luite ar an leaba agus í ag imeacht síos agus suas agus í ag béicigh, "Cabhraigh liom a mháthair, stop é, stop é, cad tá orm?"

Ní raibh fhios agamsa cad a déarfainn. Bhí m'iníon bhocht ag cailliúint a meabhrach. M'iníon álainn ghleoite, Cáit. Cailín íseal, tanaí ab ea í agus bhí sí go maith age baile agus ar scoil. Bhí sí naoi mbliana ó mhí na Nollag. Gruaig dhubh dhorcha uirthi agus craiceann bán mar shneachta. Bhí sí go hálainn agus bhí scata cairde aici.

Thosnaigh sí ag caint arís ach an uair seo bhí an diabhal ag caint. Guth láidir, dorcha, scanrúil a bhí aige agus nuair a labhair sí bhí lacht ag sileadh as a béal. "Gabh amach as mo sheomra". Faoin dtráth seo bhí a lámha ceangailte le chéile le hiarann ag na sagairt ach strac sí anuas an t-iarann lena fiacla ach bhí a cosa ceangailte chomh maith. Ní raibh an diabhal inti láidir a dhóthain.

Tháinig athrú mór ar a scórnach. Bhí sé ar nós go raibh liathróid chaide inti. Ansin laghdaigh sé blúire beag gach soicind agus ar deireadh chaith sí amach lacht glas-bhuí agus bhí na sagairt clúdaithe leis.

Cailleadh í díreach ina dhiaidh sin. Buíochas le Dia. Níor mhaith liom go mbeadh mo chailín óg mar sin. Mo ghraidhin í!

Sláine Ní Chathalláin
Coimín

Ní Bhíonn Saoi gan Locht

Rith mé síos an bóthar ar nós na gaoithe. Bhí mo chroí i mo bhéal le neart eagla. Bhí mé ábalta iad a chloistéail i mo dhiaidh. Ag glaoch orm agus ag screadaíl in ard a gcinn is a ngutha. Na hainmneacha céanna i gcónaí – "Fatso","Madra". Gach uair a chuala mé na hainmneacha sin bhí sé cosuil leis an gcéad uair. Bhí a gcoiscéimeanna ag druidim níos cóngaraí. B'éigean dom stop. Gan dabht bhí batráil ag teacht chugam. Bhí mé ar ballchrith le heagla. Ar ámharaí an tsaoil, cad a chonaic mé ag teacht i mo threo ach an bus. Gan mhoill léim mé air. Chonaic mé Sorcha agus a cairde tríd an bhfuinneog, bhí a haghaidh ghangaideach craptha le fearg. Bhí mé slán, sábháilte. Sábháilte inniu, pé scéal é.

Bhí an teach folamh nuair a tháinig mé abhaile. Bhí Mam agus Daid fós ag obair. Bhí mé in umar na haimléise. Ní raibh an fuinneamh ionam béile a dhéanamh. Chuaigh mé go dtí an gcófra agus fuair mé an stán brioscaí. D'ith mé ceann amháin, agus ceann eile agus ceann eile. Lean mé ar aghaidh ag ithe. B'iad na brioscaí sin an t-aon chara a bhí agam. Tar éis tamaill bhí an paicéad ite agam. Bhí déistin orm liom féin. Chuaigh mé go dtí an seomra folctha. D'fhéach mé sa scáthán. Níor mhaith liom an rud a chonaic mé. Bhí mé chomh mór le teach. Bhí a lán goiríní ar m'aghaidh. Bhí mo ghruaig chomh gréiseach le pláta sceallóg. Smaoinigh mé ar Shorcha. Bhí gruaig fhada fhionn uirthi, súile móra gorma aici agus bhí sí gealchraicneach. Bhí sí ard, agus lom. Ó! ní raibh sé féaráilte! Tháinig na deora liom. Chuir mé mo mhéar i mo scornach. Thosaigh mé ag cur amach. Chuaigh na brioscaí go léir síos an leithreas. Bhí mo bholg folamh ach mhothaigh mé níos fearr ná mar a mhothaigh mé le fada.

Thosaigh mé ag cur amach gach lá. Níorbh fhada gur thosaigh mé á dhéanamh tar éis gach béile. B'éigean dom é a dhéanamh. Aon uair a dhein mé iarracht stop chuala mé guth Shorcha i mo cheann ag rá "Fatso" arís agus arís eile. Tar éis tamaill, thosaigh mé ag éirí éadrom. Bhí mé traochta an t-am go léir agus bhí mo chraiceann níos measa ná riamh. Ní raibh an fuinneamh ionam chun éirí ar maidin. Ach aisteach go leor bhí mé sásta! Chreid mé go raibh mé ag fáil an lámh in uachtar ar Shorcha. Ní bheadh sí ábalta magadh fúm. Bheinn álainn agus muiníneach. Thiocfadh mo lá!

Lá amháin tháinig mé ar scoil. Tús an earraigh a bhí ann. Bhí an ghrian ag taitneamh go hard sa spéir. Ní raibh oiread agus puth gaoithe ann agus bhí na héin ag canadh go háthasach. Bhí mé chomh ríméadach leis na cuacha go dtí go bhfaca mé Sorcha agus a cairde cruálacha ag feitheamh ag doras na scoile. Bhí siad ag gáire agus ag gliogairnéis os ard. Mhothaigh mé tinn. Shiúil mé go dtí doras na scoile go cúthail. Aisteach go leor bhí aoibh go cluasa ar Shorcha. Ansin dúirt sí le gangaid, "Conas tá an eilifint inniu? Nach ceart duit dul go dtí an zú?". Phléasc gach duine amach ag gáire. Ba bhreá liom dá slogfadh an talamh mé. Thosaigh mé ag rith agus níor stop mé go dtí gur shroich mé an seomra folctha.

Chaith mé timpeall leathuair i mo shuí ar an urlár sa leithreas. Bhí an fhearg ag brúchtaíl aníos ionam. Ní raibh sé ceart ná cóir. D'éirigh mé níos tanaí ach b'é an seanascéal céanna é i gcónaí. Ní raibh mé ábalta an lámh in uachtar a fháil uirthi. Go tobann chuaigh duine éigin isteach sa leithreas in aice liom. Chuala mé í ag déanamh iarrachta cur amach. Arís agus arís go dtí gur éirigh léi. An rud céanna a bhí á dhéanamh agam féin gach lá! Rith mé amach as an leithreas. Bhuel, leagfadh tráithnín mé! Cé a bhí ann ach Sorcha! Ansin bhí gach rud soiléir. Bhí fadhb itheacháin ag Sorcha! Sin an fáth ar chuir sí brú ar dhaoine eile, ní raibh sí sásta léi féin! B'shin í an chéad uair a chonaic mé eagla uirthi. Bhí sí chomh bán le sneachta. "N-n-n ní raibh mé ach...bh-bh-bh bhí mé breoite," arsa Sorcha. D'imigh an eagla díom agus d'fhéach mé uirthi. Bhí sí níos measa ná mé féin. Fuair mé muinín agus dúirt mé, "Dún do chlab, a chladhaire! Tá fhíos agam cad tá ar siúl agat agus amárach beidh fhios ag gach duine eile ar scoil!". Bhí sí ar ballchrith anois agus tá náire orm a admháil go raibh mé ag baint taitnimh as. "Ó, a Shinéad, ná déan," arsa Sorcha, "le do thoil." Ní dúirt mé aon rud ach dhein mé miongháire nimhneach agus shiúil mé as an seomra. Ar ndóigh, choimeád mé mo bhéal dúnta. Bhí mé ag iarraidh í a scanrú, b'shin uile. Bhí mé ag baint taitnimh as! Ag tabhairt cor in aghaidh an chaim di.

Bhí fhios agam go raibh rud éigin bun os cionn nuair a shiúil mé isteach sa rang an lá áirithe seo tamall ina dhiaidh sin. "Cad tá cearr libh?" a dh'fhiafraigh mé agus mo chroí i mo bhéal le neart eagla. Bhí ciúnas marfach ann ach ar deireadh thiar thall, dúirt duine éigin, "Tá Sorcha marbh". Ba bheag nár thit an t-anam asam. "Cad é?" a dúirt mé. "C-c-c conas?" "Chuir sí lamh ina bás féin," a dh'fhreagair an múinteoir agus na deora léi. "Fuair a máthair a dialann. Bhí rud éigin scríte aici mar gheall ar rún ach ní raibh sí ábalta é a thuiscint," arsa an múinteoir.

Mhothaigh mé breoite. Mharaigh mé í le m'fhocail. Ó, cén fáth go ndúirt mé an méid a dúirt mé? Bhraith mé na deora ag sileadh liom. Dúnmharfóir ab ea mé! Agus leanfaidh an náire sin mé go dtí lá mo bháis.

Aoife Ní Laoire
Cluain Searrach

An Dart

"A Íosa Críost, cad a dhein tú leis?" a bhéic an bhean le Niall, an múinteoir. Ní raibh fhios ag an mbean go raibh draíocht speisialta ag Niall agus éinne ar chuir sé a lámh air fuair sé bás i 9.7 soicind. Ansin léim Niall i dtreo na mná chun í a mharú ach níor chuir sé lámh uirthi mar, ag an bpointe sin, stop an DART agus léim an bhean amach.

Rith sí go dtí garda a bhí ag siúl na sráide agus d'inis sí a scéal dó. Thóg an garda fón póca amach chun glaoch a chur ar dhochtúir síciatrach. Tar éis cúpla nóiméad tháinig an t-otharcharr agus léim cúpla dochtúir amach agus cótaí bána orthu. Ach ní raibh aon radharc ar Niall. Chonaic an garda an scéal ar an nuacht fé fhear a bhí ag marú daoine nuair a chuir sé lámh orthu agus bhí fonn air labhairt leis an mbean.

D'inis an bhean a scéal don ngarda arís agus dhein sí cur síos ar an bhfear a bhí ar an DART. Chuaigh an scéal amach go dtí gach garda ar fud na tíre. Agus trí lá ina dhiaidh sin, tógadh an fear agus cuireadh isteach i bpríosún é. Chaitheadar an eochair uathu.

Niall Ó Súilleabháin
Gleann na Mináirde

Imirce 1847

Ag fágaint slán le gach éinne,
Imithe ar nós na gréine,
Ar aghaidh liom go Meiriceá
Áit gan aon mhí-ádh.

Saol difriúil, saol nua
Tá súil agam nach mbeidh
Na postanna ró-chrua.
Turas fada ar bhád
Gan aon bhaile ná sráid
Imithe ón gclann,
Níl éinne agam ann.

Ní bheidh an saol liath
Toisc go mbeidh ann a lán bia!

Louise Nic Thomáis
Ceathrú an Fheirtéaraigh

Saol Nua

Lá fuar gaofar a bhí ann. Bhí scamaill mhóra dhubha sa spéir. Bhí mé ar an gcé sa bhFianait i gCo. Chiarraí. Bhí mo mhuintir agus mo shealúchas go léir timpeall orm. Bhíomar ag feitheamh leis an mbád a bhí chun sinn a thabhairt go Meiriceá, an Jeanie Johnston.

Ar a trí a chlog chuamar ar bord. Bhí na coinníollacha ar an long go huafásach. Bhí sé dorcha agus fuar, bhí lucha agus francaigh i ngach áit agus bhí boladh bréan ann. Ní raibh a lán spáis ann. Bhí leaba amháin á roinnt agam lem thriúr deirféaracha.

Chuireamar tús leis an dturas fada an lá san. Thóg sé trí seachtaine. B'iadsan na trí seachtaine ba mheasa i mo shaol. Bhí breoiteacht fharraige orainn. Bhí galar ar gach duine. Ní raibh ach beagán le n-ithe agam gach lá.

Lá amháin i mí na Samhna, chuaigh mé in airde ar deic. Chonaic mé radharc álainn os mo chomhair. Bhí an ghrian ag spalpadh anuas ar Dhealbh na Saoirse. Bhíomar i Meiriceá. Shroicheamar Oileán Ellis agus bhíomar i gcoraintín ar feadh coicíse.

I mí na Nollag, dh'fhág mé Oileán Ellis le mo chlann agus shroich mé Manhattan. Cad a bheadh i ndán dom i Meiriceá?

Íde Ní Mhuircheartaigh
Lios na Caolbhuí

Dhá Ghiota as Dialann Déagóra ó Aimsir an Ghorta

29/06/1846

A Dhialann,

Tá an samhradh tagtha agus gan aon cheiliúradh á dhéanamh ag éinne. Tá teipthe ar na barraí. Tá m'athair imithe le ceithre mhí agus gan tásc ná tuairisc air. Tá's agam féin go bhfuil sé marbh ach ní theastaíonn ón gclann é seo a chreidiúint. Bíonn Mam ag gol gach aon oíche nuair a bhímíd inár gcodladh. Tá Sadhbh bheag breoite leis an bhfiabhras agus níl faic againn di a chabhródh léi. Tá an t-am seo dorcha. Níl faic le n-ithe againn ach min bhuí ghránna – ní thabharfá dos na sicíní é. Níl aon airgead againn, mar sin caithfidh Mam gach aon ní a dhíol chun go mbeadh rud éigin le n-ithe againn. Tá uaigneas orm toisc go bhfuil an saol cruaidh agus is dócha go ngeobhaidh sé níos measa.

08/1846

A Dhialann,

Táim ar an Jeanie Johnston, ar mo shlí go dtí an dtír atá lán de dheiseanna. Cailleadh Sadhbh mí ó shin agus b'shin é an t-am a dhein mo mháthair suas a haigne. Ní raibh faic fágtha againn. Tá níos mó ná céad duine i gcábán mór amháin ar an mbád. Tá breoiteacht agus galair inár dtimpeall.

Cailleadh triúr leanaí ar an mbád ó sheolamar. Ligtear suas ar an ndeic sinn uair sa ló má tá an t-ádh linn. Tugtar béile dúinn uair sa ló ach ní bhíonn blas ró-mhaith air. Táim ag súil go mór le teacht i dtír i Meiriceá agus post maith a fháil agus dearmad a dhéanamh ar gach aon rud a dh'fhágas taobh thiar dhíom.

Céitílís Ní Bheaglaoich
Baile Breac Íochtarach

A Dark Day on The Blaskets

A Dhialann,

Thárla rud aisteach dom inniu. Tháinig mé abhaile ón scoil agus nuair a chuaigh mé isteach go dtí an gcistin bhí bean chríonna nach bhfaca mé riamh cheana suite in aice na tine ag léamh agus ag ól tae. Thugas fé ndeara go raibh deora ina súile. Ní raibh fhios agam cé bhí ann agus mar sin ritheas amach go dtí mo bhean chéile chun ceist a chur uirthi cérbh í. Dúirt sí liom gurbh í Peig Sayers í agus thosnaigh mé ag gáirí. Baineadh preab asam. Dúrt léi go raibh Peig marbh le blianta fada agus an fhírinne a insint dom. Lean sí uirthi ag glanadh agus níor fhreagair sí mé. Chuas isteach go dtí an gcistin arís agus shuigh mé síos in aice leis an mbean. Thosnaigh sí ag caint liom fén saol atá ann anois. Dúirt sí go raibh gach rud athraithe. Dúirt sí liom go raibh a cairde ar fad imithe ar shlí na fírinne agus thosnaigh sí ag insint scéalta dom fén saol a bhí aici nuair a bhí sí óg. Labhair sí ar naomhóga agus ar an iascaireacht ar fad a dheineadar timpeall an oileáin. Bhí sí ana-shuimiúil. Bhíos fé dhraíocht aici. Thiteas i ngrá leis an mBlascaod. Laistigh de nóiméad bhí sí imithe. Bhí ionadh orm, níor thuigeas cad a bhí ag tarlú. Anois tá leabhar nua á scríobh agam mar gheall ar an mBlascaod. Is dóigh liom gur tháinig Peig chugam ós na Flaithis chun eolas a thabhairt dom le haghaidh an leabhair.
Is ait an rud é.
Oíche mhaith, a Dhialann,
Mícheál Ó Dubhshláine.

Louise Nic Thomáis
Ceathrú an Fheirtéaraigh

An Afganastáin

An deatach ag dul suas mo shrón,
Táim ag casacht smúite is gáis,
Tá mo scámhóga lán,
Tá m'anáil ag fáil bháis.

Táim i m'aonar ar domhan,
Tá gach duine marbh anseo,
Tá mo bhreithlá um Shamhain,
Ach beidh mé caillte faoi sin.

Ciara Utsch
Imileá na gCrann

Fallujah

Mohammed is ainm dom. Táim i mo chónaí i Fallujah san Iaráic. Tá
siopa beag ag m'athair agus cabhraíonn an chlann go léir leis.
Teastaíonn uaim labhairt mar gheall ar mo shaol mar a bhí agus mar atá
sé faoi láthair.

Bhí an saol crua faoi Saddam Hussein. Maraíodh mórán daoine nach
raibh aon chúis orthu agus ní raibh cead labhairt amach i gcoinne an
rialtais. Bhí rudaí níos measa do chailíní agus ní raibh aon chearta acu
ar nós dul ar scoil.

Nuair a tháinig na Meiriceánaigh bhí rudaí beagán níos fearr ach tar
éis tamaill thosaigh an fhearg agus an troid arís. Is iad Al-Zarquri agus
Al-Sadr atá i gceannas ar an gcathair anois. Tá a fhios againn go bhfuil
na Stáit Aontaithe chun ionsaí a dhéanamh agus tá atmaisféar lán le
heagla timpeall na sráideanna.

Éirím go moch gach maidin chun mo phaidreacha a rá. Tá orainn mar
bhaill den gcreideamh Ioslamach guí cúig n-uaire gach lá. Ansin
cabhraím le mo mháthair an t-uisce a fháil ón dtobar.

Níl aon leictreachas againn agus is deacair cócaireacht a dhéanamh
nó solas a fháil. Ansin téim ar scoil le mo chairde. Anois tá cailíní i mo
rang agus tá an mhúinteoireacht difriúil.

Níl an saol athraithe ró-mhór ó tháinig na Meiriceánaigh agus ba
mhaith liom go n-imeoidís sara bhfad, ionas go mbeidh síocháin ann agus
go dtosnóidh mo thír ag tabhairt cúil leis an bhforéigean.

Breandán Ó Conchúir
Clochán, Ceann Trá

An Súnámi

Tír stractha
Ó bhrúcht an fharraige,
Coirp ár gcomharsan,
Caite os ár gcomhair amach.

Tuismitheoirí gan chlann,
Aigne scriosta trína chéile,
Briseadh a gcroíthe,
Briseadh croí an domhain.

Siún Ní Shé
Imleach Slat

~ 33 ~

Maidin Mhaith

D'fhéach mé amach an doras,
Maidin mhaith a bhí ann,
Na duilleoga ag rince,
Na héiníní ag canadh,
Na crainn ag luascadh,
Is mé bhí sásta
Bheith páirteach sa dúlra.

Olivia Ní Bhuachalla,
Clochán an Fhóid

Mí na Samhna

Mí na Samhna,
Nuair a théann an ghrian ina codladh,
Tosaíonn an domhan ag dorchú,
Agus bíonn an solas ag meath.

Bíonn na préacháin ag eitilt,
Na heití dubha ag bualadh go trom,
Ag fógairt teacht an gheimhridh,
Agus dorchú an domhain.

Sinéad Childs
Garraí na dTor

Clochán an Fhóid

Radharc na sléibhte atá ann,
Radharc na farraige ag rince,
Radharc na gcoillte ag fás,
Radharc na n-ainmhithe ag súgradh sa pháirc,
Ciúin, álainn agus deas,
An áit is fearr ar domhan.

Olivia Ní Bhuachalla
Clochán an Fhóid

An Samhradh

An ghrian órga ag taitneamh gach lá,
Mo chosa ag siúl ar an ngaineamh bhréa bhán,
Na faoileáin ag scréachaigh go hard sa spéir,
Mo scámhóga ag líonadh suas le haer.

Na tonnta ag preabadh ar an ngaineamh bhán,
Leanaí ag béicigh is ag tógaint caisléan.
An fharraige ghorm isteach is amach.
An tráigh álainn os mo chomhair amach.

Emer Ní Fhiannachta
Baile an Chóta

An Nollaig

Crann Nollag sa ghairdín,
Gúna reoite air,
Na duilleoga ar an bhféar,
Agus mé ar crith leis an bhfuacht,
Tá gach rud marbh,
Mar tá an sioc ag síneadh méire
Leis na bláthanna,
An ceo san aer,
Agus na scamaill liathdhubha,
Sa spéir.

Róisín Báicéir
Cill Chuáin

Síocháin

I mo shuí ar an ngaineamh bhán,
Ag éisteacht leis na tonnta gorma,
Amuigh sa bhfarraige tá rón,
Rón ina aonar.

Samhain

Na cnámha ag dó,
Na hainmhithe dubha ag damhsa,
Na daoine ag insint scéalta,
Na glasraí ag scanrú.

Féasta na marbh,
Uair sa bhliain,
Gach rud dorcha,
Gach rud dubh is buí.

Ciara Utsch
Imileá na gCrann

Aisling Dhuibhneach
do Bhab Feirtéar

Is maith ann é fómhar na ngéanna
ach is fearr fós fómhar na bhfocal.
Bean tréitheach í an buanaí
a bhaineann ór geal le buíú na gréine
tráthnóna os cionn Ard na Caithne.
Bailíonn sí líofacht dhearg an montbretia
ar chlathacha atá ag breacadh ar fuaid na dúthaí.
Ceanglaíonn sí flúirse chraorac na bhfiúises
ina bpunanna véarsaí ceolmhara
'Choimeádfadh comhluadar leat cois tine
is uaigneas ó dhoras oícheanta seaca.
Ná bíodh leisce ort teagmháil léi
cuirfidh a stácaí scéalta uisce led' fhiacail
is nuair a bhlaisfir na gráinní milse
sa chíste beag le beannacht na sinsear
beidh súp go cluasa ort ina ndiaidh,
mar a bhíonn ar chat na naoi mbua
agus an bheart déanta ar an luch fhéir aige.
Rófhada taoi ag plé le caint a chodail amuigh,
síofra beag, mílítheach a d'éalaigh as meaisín.
Is í seo do theanga labhartha féin
a thaithíonn iothlann ildathach an anama.
Fan ina teannta is tabharfaidh sí léi tú
ar chonair uasal an Bhriathair
thar tairseach an chiúinis isteach
mar a gcloisfir croí is anáil na cruinne
ag bualadh go tomhaiste
i gcomhcheol an aoibhnis.

Bríd Ní Mhóráin

Dán Mwasa
Diamaint an Bhróin

A dhaonnaí, ná habair nach bhfacaís Mwasa,
Déagóir álainn, bláth na coille,
Fágadh i nduibheagán na daille
De dheasca buillí na mbataí barbartha.
Ní leigheasfaidh mianaigh óir Góma
A mogaill fholmha, dhá sheod léanmhara,
In ómra dhorcha a haghaidhe.
Sileann ó áit na súl síordheora,
Ritheann ina séithleán caointe
I ngoin dhearg na cré
Go dtí go mbainid amach
Croí dubhach na hAfraice
Mar a gcuireann Congó leathan an bhróin
Thar maoil i dtuilte is in ólaithe olagóin.
A Mwasa, a dheirfiúr na páirte
Nach raibh uait ach do gharraí a shaothrú,
Tháinig an bhrúid le láimh láidir na cumhachta
Bhain is shatail ar do bhláithín leochaileach.
Cé go mbeirse feasta fé réim an dorchadais
Tar éis duit radharc a fháil ar ifreann,
Ní imeoidh do dheora gan tairbhe
In Atlantach ollmhór an fhulaig
Mar thugais spréach leat nuair a thuislís
Chuig lámh chneasaithe an leighis.
Thug sí sin do scéal chun solais
Is dhein boilg a feirge bladhmsach den spréach
Gur caitheadh é in airde san aer,
Réalt a shoilsíonn ar choinsias na cruinne
Ag foilsiú go mbuaileann cuisle na daonnachta
buille ar bhuille le do chroíse,
Agus gurb é mianach na taise
Diamant róluachmhar an duine.

Bríd Ní Mhóráin

Don Spideog

A éinín ar an líne
ag gliúcaíocht orm
trí m'fhuinneog isteach,
ar sheol rí na ndúl chugam
d'ucht taibhseach is do leathshúil dhána
go musclófá mo mhisneach?
Gabh buíochas leis ar mo shon.
Abair amhrán.

Bríd Ní Mhóráin